Billar tres bandas: Motifs de cercle de demi-table

De tournois de championnat professionnel

Testez-vous contre les joueurs professionnels

Allan P. Sand
PBIA/ACS Instructeur de billard certifié

ISBN 978-1-62505-288-9
PRINT

ISBN 978-1-62505-442-5
PRINT 8.5x11

First edition

Copyright © 2019 Allan P. Sand

All rights reserved under International and Pan-American Copyright Conventions.

Published by Billiard Gods Productions.
Santa Clara, CA 95051
U.S.A.

For the latest information about books and videos, go to: http://www.billiardgods.com

Acknowledgements

Wei Chao created the software that was used to create these graphics.

Contenu du livre

Introduction **1**
À propos des dispositions de table 1
Instructions de configuration de la table 2
But de la disposition des tables 2
A: Demi-cercle de base **3**
A: Groupe 1 3
A: Groupe 2 8
A: Groupe 3 13
A: Groupe 4 18
A: Groupe 5 23
A: Groupe 6 28
A: Groupe 7 33
A: Groupe 8 38
B: Sortir d'un petit coin **43**
B: Groupe 1 43
B: Groupe 2 48
B: Groupe 3 53
C: Dans un petit coin **58**
C: Groupe 1 58
C: Groupe 2 63
D: Spins inversés **68**
D: Groupe 1 68
D: Groupe 2 73
D: Groupe 3 78
D: Groupe 4 83
D: Groupe 5 88
D: Groupe 6 93
E: Jambe étendue **98**
E: Groupe 1 98
E: Groupe 2 103
F: Jambe étendue, extra longue **108**
F: Groupe 1 108
F: Groupe 2 113
F: Groupe 3 118

Other books by the author ...

- 3 Cushion Billiards Championship Shots (a series)
- Carom Billiards: Some Riddles & Puzzles
- Carom Billiards: MORE Riddles & Puzzles
- Why Pool Hustlers Win
- Table Map Library
- Safety Toolbox
- Cue Ball Control Cheat Sheets
- Advanced Cue Ball Control Self-Testing Program
- Drills & Exercises for Pool & Pocket Billiards
- The Art of War versus The Art of Pool
- The Psychology of Losing – Tricks, Traps & Sharks
- The Art of Team Coaching
- The Art of Personal Competition
- The Art of Politics & Campaigning
- The Art of Marketing & Promotion
- Kitchen God's Guide for Single Guys

Introduction

Ceci est l'une des séries de livres de billar tres bandas qui montrent comment les joueurs professionnels prennent des décisions, en fonction de la disposition des tables. Toutes ces mises en page proviennent de compétitions internationales.

Ces dispositions vous placent dans la tête du joueur, en commençant par les positions des boules (indiquées dans le premier tableau). La deuxième disposition du tableau montre ce que le joueur a décidé de faire.

À propos des dispositions de table

Ce sont les trois balles sur la table:

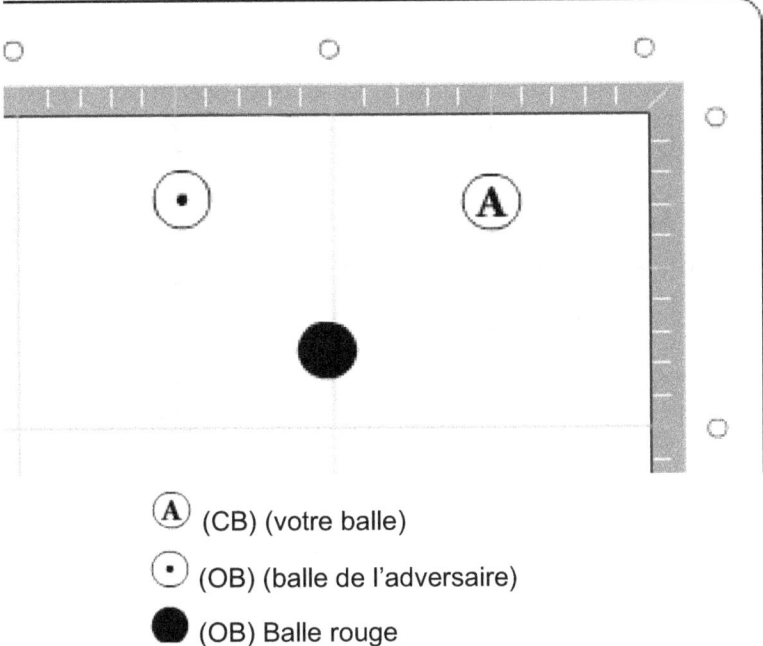

(A) (CB) (votre balle)

(•) (OB) (balle de l'adversaire)

● (OB) Balle rouge

Chaque configuration a deux dispositions de table. Le premier tableau est la position de la balle. La deuxième table est la façon dont les balles se déplacent sur la table.

Instructions de configuration de la table

Utilisez des anneaux de reliure en papier pour marquer les positions de la balle (achetez dans n'importe quel magasin de fournitures de bureau).

Placez une pièce de monnaie sur chaque coussin de table que le (CB) touchera.

Comparez votre chemin (CB) avec la configuration de la deuxième table. Pour apprendre, vous pouvez avoir besoin de plusieurs tentatives. Après chaque échec, effectuez les réglages et réessayez jusqu'à ce que vous réussissiez.

But de la disposition des tables

Ces mises en page sont fournies à deux fins.

- Votre analyse - À la maison, vous pouvez réfléchir à la manière de jouer la configuration sur la première table. Comparez vos idées au modèle actuel de la deuxième table. Pensez à votre solution et envisagez des options. À partir du deuxième tableau, vous pouvez également analyser comment suivre le modèle. Jouez mentalement le coup et décidez comment vous pouvez réussir.

- Entraînez-vous à la configuration de la table - Placez les balles en place, conformément à la configuration du premier tableau. Essayez de tirer de la même manière que le motif de la deuxième table. Vous devrez peut-être faire plusieurs tentatives avant de trouver la bonne façon de jouer. C'est ainsi que vous pouvez apprendre et jouer ces coups lors des compétitions et des tournois.

La combinaison de l'analyse mentale et de la pratique pratique fera de vous un joueur plus intelligent.

A: Demi-cercle de base

Le (CB) se détache du premier (OB) et en trois bandas. Lorsque le (CB) sort du troisième bandas, il entre en contact avec l'autre (OB).

Ⓐ (CB) (votre balle) - ⊙ (OB) (balle de l'adversaire) – ● (OB) Balle rouge

A: Groupe 1

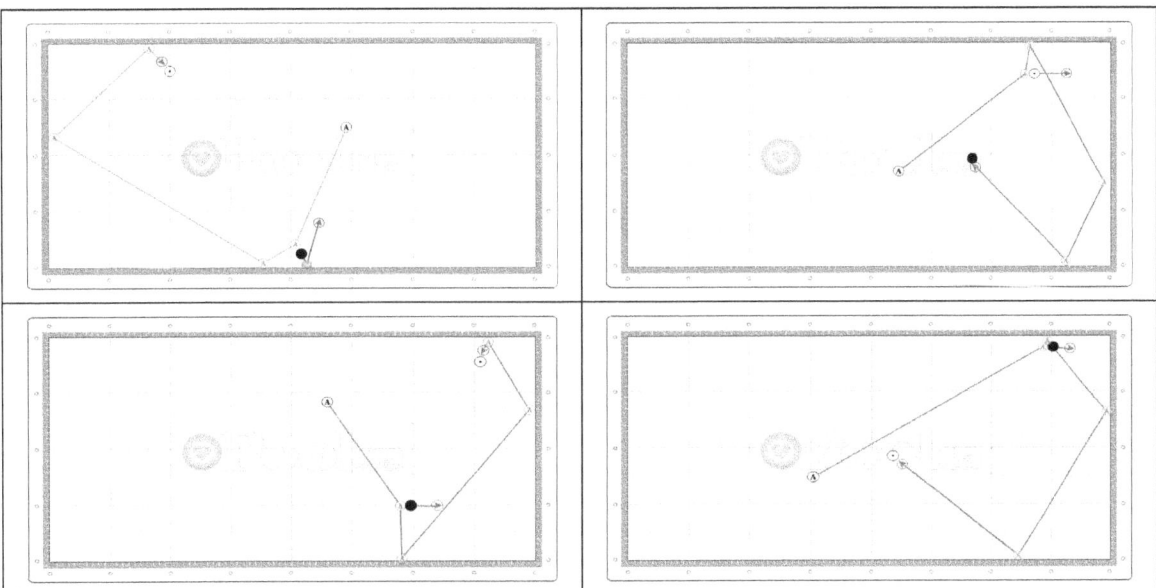

Une analyse:

A:1a. _____

A:1b. _____

A:1c. _____

A:1d. _____

A:1a – Installer

Notes et idées:

Modèle de balle

A:1b – Installer

Notes et idées:

Modèle de balle

A:1c – Installer

Notes et idées:

Modèle de balle

A:1d – Installer

Notes et idées:

Modèle de balle

A: Groupe 2

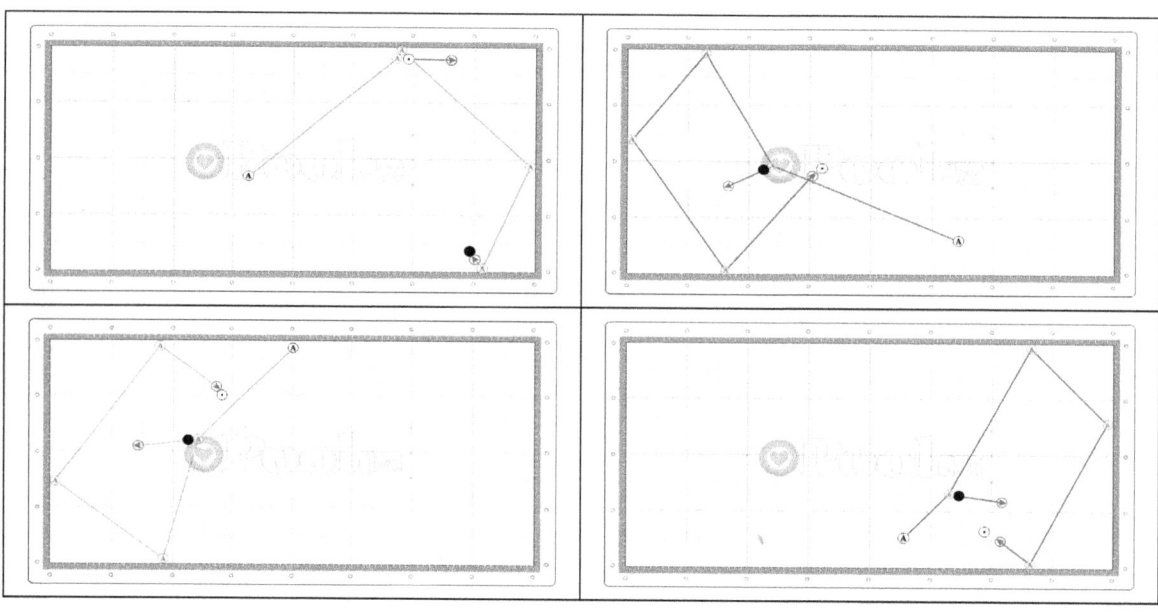

Une analyse:

A:2a. _____

A:2b. _____

A:2c. _____

A:2d. _____

A:2a – Installer

Notes et idées:

Modèle de balle

A:2b – Installer

Notes et idées:

Modèle de balle

A:2c – Installer

Notes et idées:

Modèle de balle

A:2d – Installer

Notes et idées:

Modèle de balle

A: Groupe 3

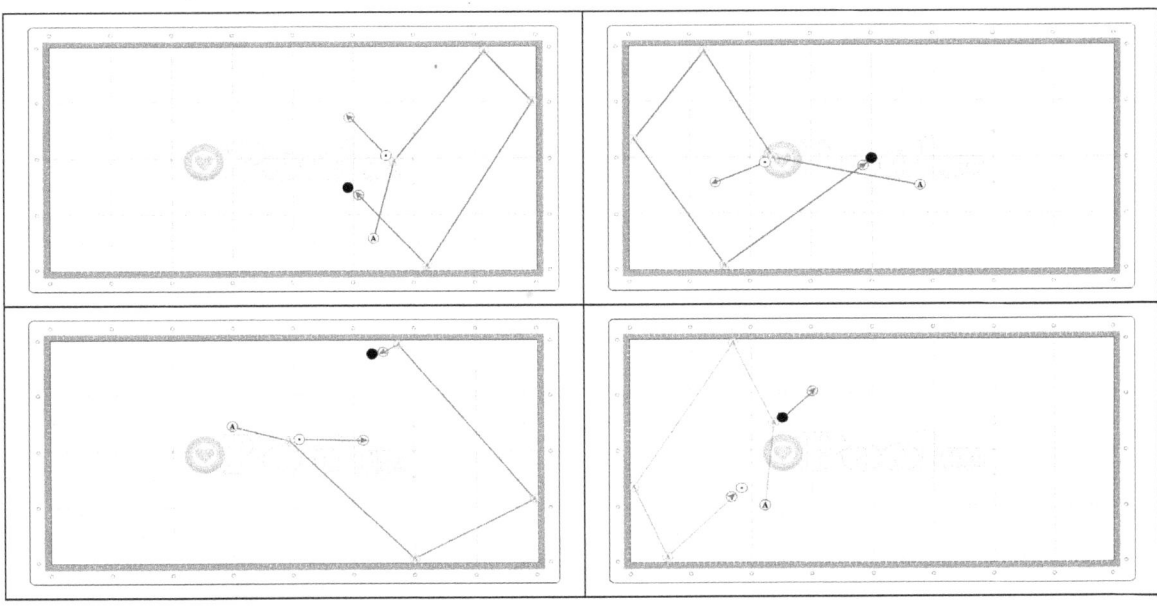

Une analyse:

A:3a. _____

A:3b. _____

A:3c. _____

A:3d. _____

A:3a – Installer

Notes et idées:

Modèle de balle

A:3b – Installer

Notes et idées:

Modèle de balle

A:3c – Installer

Notes et idées:

Modèle de balle

A:3d – Installer

Notes et idées:

Modèle de balle

A: Groupe 4

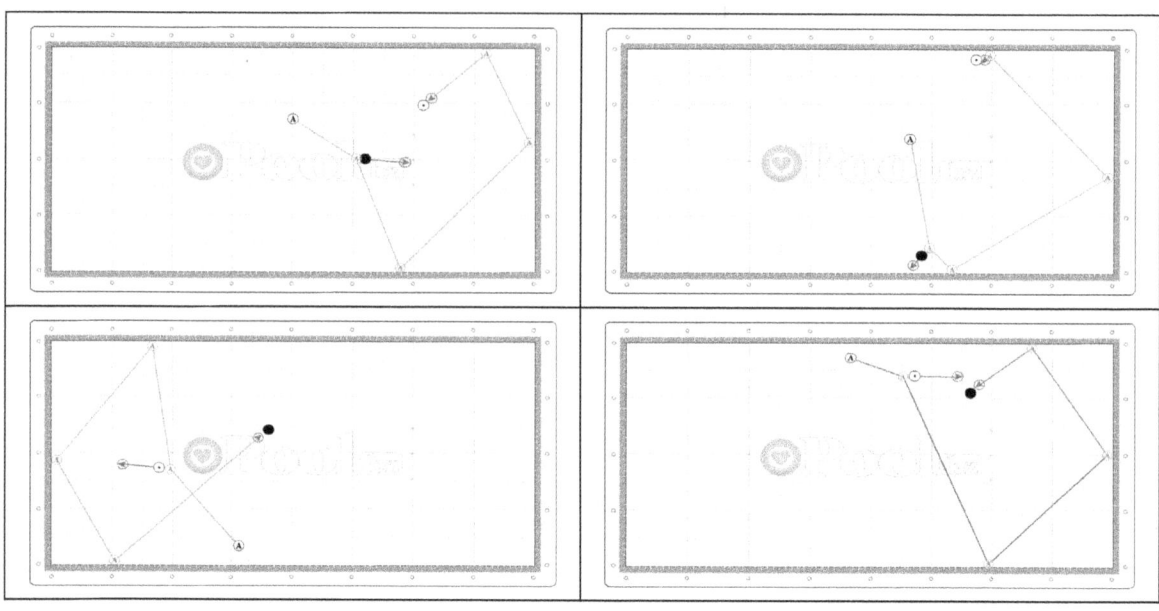

Une analyse:

A:4a. _____

A:4b. _____

A:4c. _____

A:4d. _____

A:4a – Installer

Notes et idées:

Modèle de balle

A:4b – Installer

Notes et idées:

Modèle de balle

A:4c – Installer

Notes et idées:

Modèle de balle

A:4d – Installer

Notes et idées:

Modèle de balle

A: Groupe 5

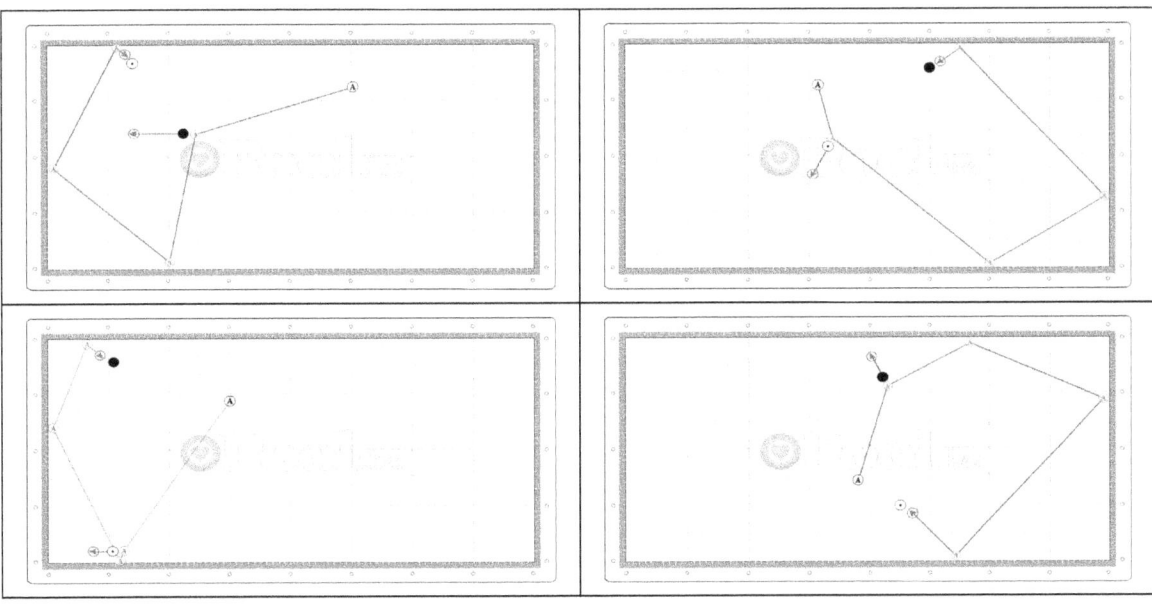

Une analyse:

A:5a. _____

A:5b. _____

A:5c. _____

A:5d. _____

A:5a – Installer

Notes et idées:

Modèle de balle

A:5b – Installer

Notes et idées:

Modèle de balle

A:5c – Installer

Notes et idées:

Modèle de balle

A:5d – Installer

Notes et idées:

Modèle de balle

A: Groupe 6

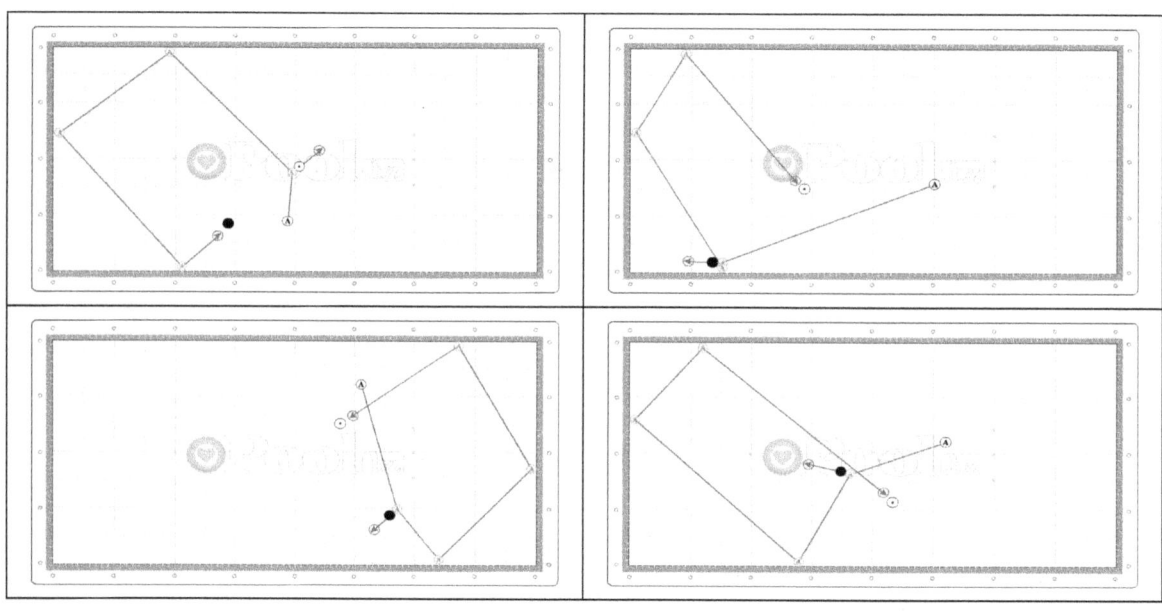

Une analyse:

A:6a. _____

A:6b. _____

A:6c. _____

A:6d. _____

A:6a – Installer

Notes et idées:

Modèle de balle

A:6b – Installer

Notes et idées:

Modèle de balle

A:6c – Installer

Notes et idées:

Modèle de balle

A:6d – Installer

Notes et idées:

Modèle de balle

A: Groupe 7

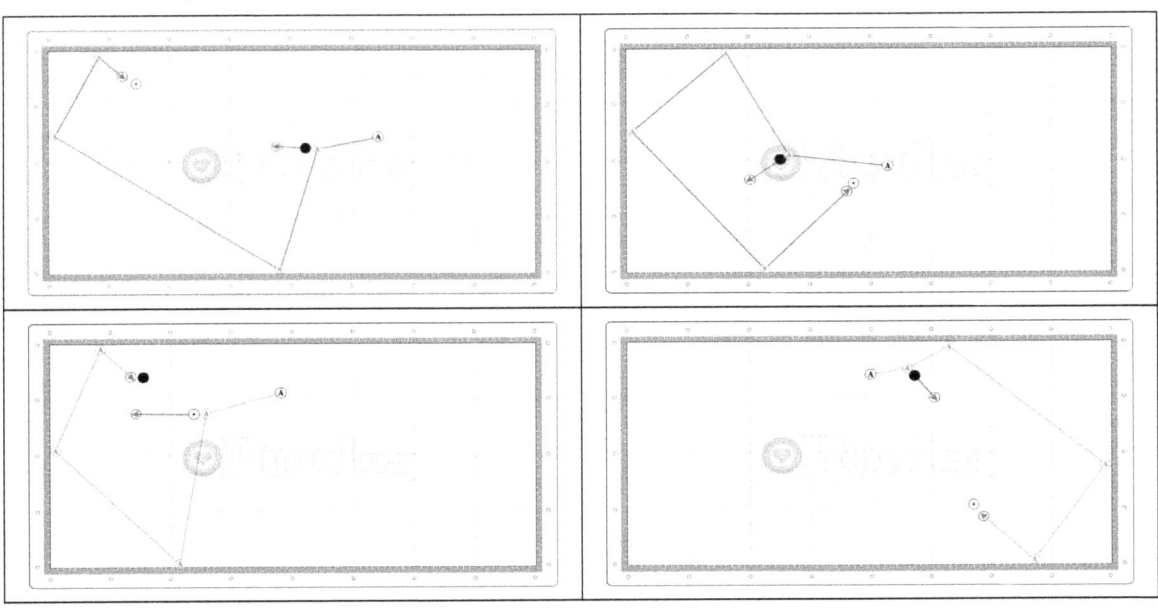

Une analyse:

A:7a. _____

A:7b. _____

A:7c. _____

A:7d. _____

A:7a – Installer

Notes et idées:

Modèle de balle

A:7b – Installer

Notes et idées:

Modèle de balle

A:7c – Installer

Notes et idées:

Modèle de balle

A:7d – Installer

Notes et idées:

Modèle de balle

A: Groupe 8

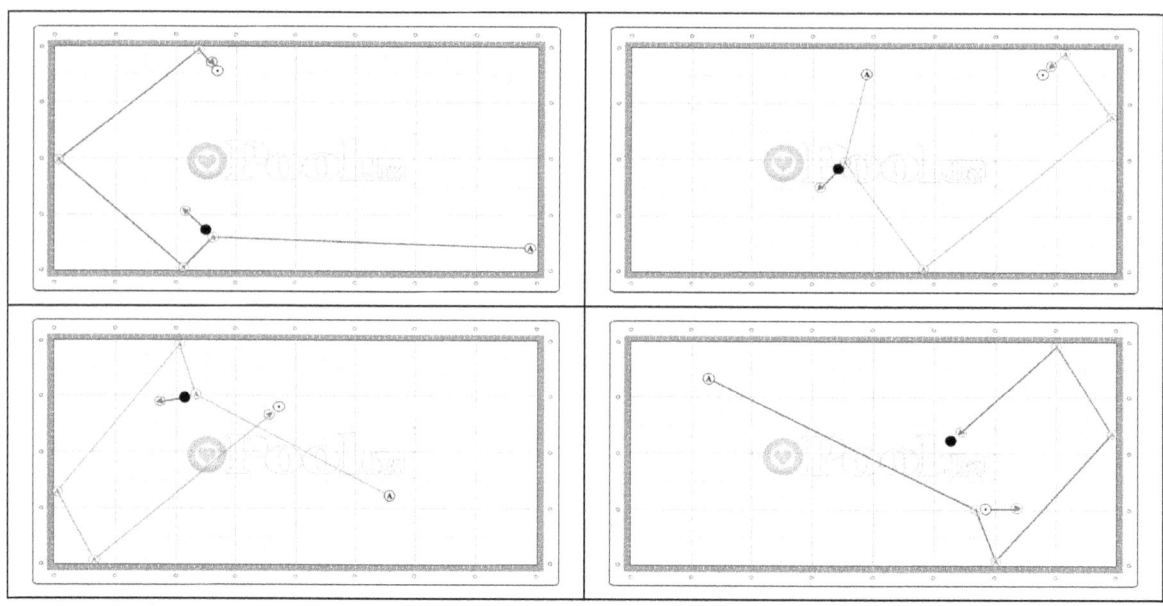

Une analyse:

A:8a. _____

A:8b. _____

A:8c. _____

A:8d. _____

A:8a – Installer

Notes et idées:

Modèle de balle

A:8b – Installer

Notes et idées:

Modèle de balle

A:8c – Installer

Notes et idées:

Modèle de balle

A:8d – Installer

Notes et idées:

Modèle de balle

B: Sortir d'un petit coin

Le (CB) se détache du premier (OB) dans le long bandas. Il sort du long bandas et dans le coin pour les deux prochains bandas. Lorsque le (CB) sort du coin, il entre en contact avec l'autre (OB).

Ⓐ (CB) (votre balle) - ⊙ (OB) (balle de l'adversaire) – ● (OB) Balle rouge

B: Groupe 1

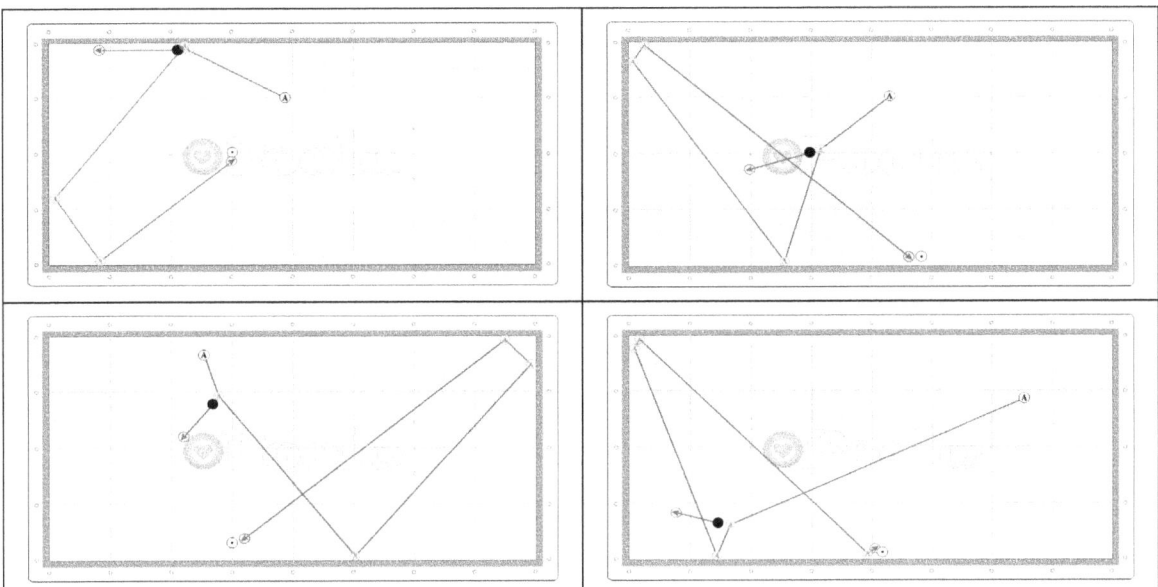

Une analyse:

B:1a. _____

B:1b. _____

B:1c. _____

B:1d. _____

B:1a – Installer

Notes et idées:

Modèle de balle

B:1b – Installer

Notes et idées:

Modèle de balle

B:1c – Installer

Notes et idées:

Modèle de balle

B:1d – Installer

Notes et idées:

Modèle de balle

B: Groupe 2

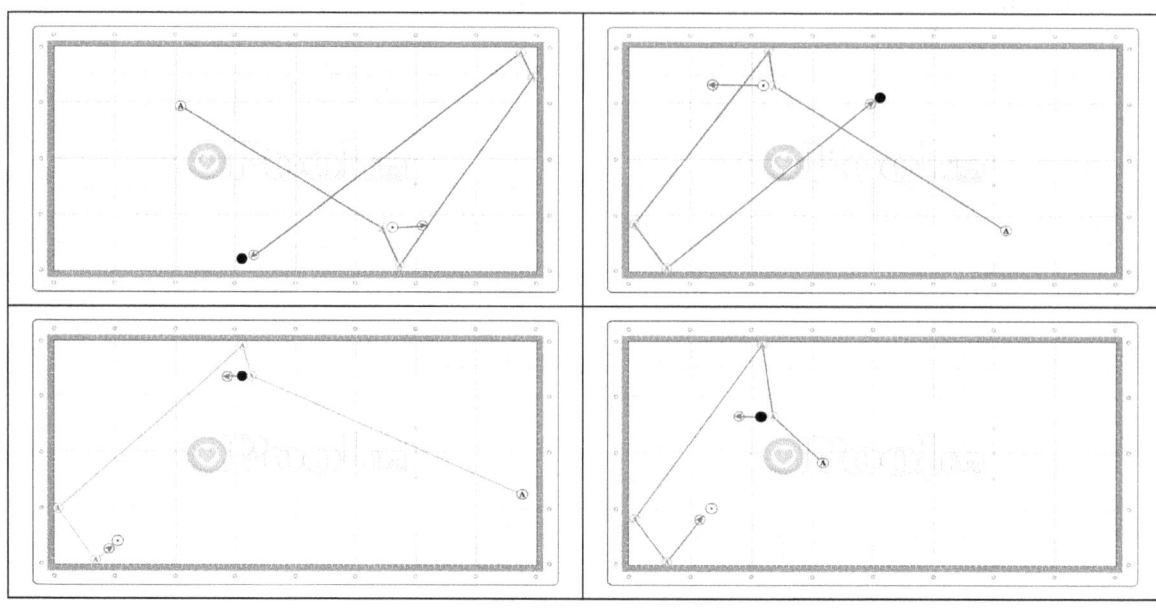

Une analyse:

B:2a. _____

B:2b. _____

B:2c. _____

B:2d. _____

B:2a – Installer

Notes et idées:

Modèle de balle

B:2b – Installer

Notes et idées:

Modèle de balle

B:2c – Installer

Notes et idées:

Modèle de balle

B:2d – Installer

Notes et idées:

Modèle de balle

B: Groupe 3

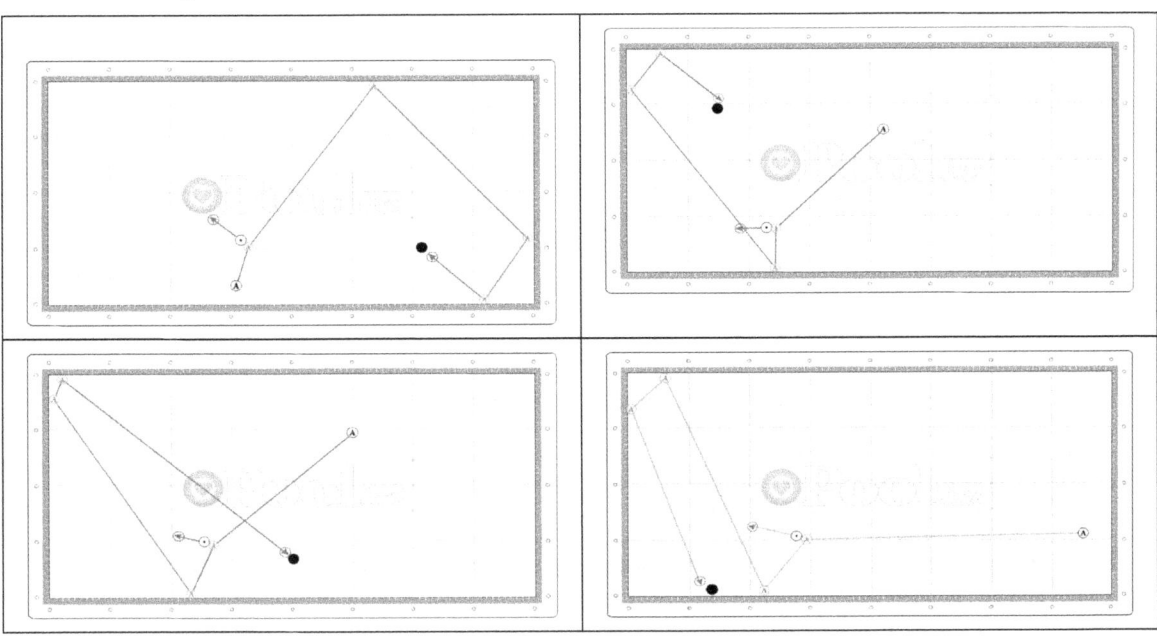

Une analyse:

B:3a. _____

B:3b. _____

B:3c. _____

B:3d. _____

B:3a – Installer

Notes et idées:

Modèle de balle

B:3b – Installer

Notes et idées:

Modèle de balle

B:3c – Installer

Notes et idées:

Modèle de balle

B:3d – Installer

Notes et idées:

Modèle de balle

C: Dans un petit coin

Le (CB) sort du premier (OB) dans le coin des deux premiers bandas. Lorsque le (CB) sort du coin, il va au bandas long opposé. Le (CB) sort alors du bandas long et dans l'autre (OB).

(A) (CB) (votre balle) - (•) (OB) (balle de l'adversaire) – ● (OB) Balle rouge

C: Groupe 1

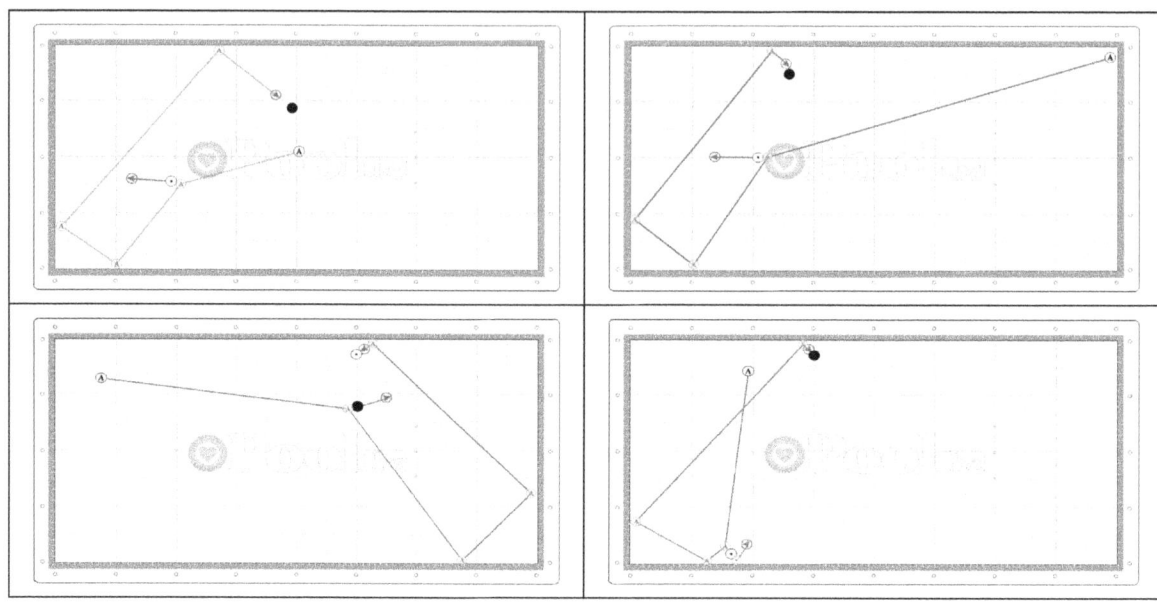

Une analyse:

C:1a. _____

C:1b. _____

C:1c. _____

C:1d. _____

C:1a – Installer

Notes et idées:

Modèle de balle

C:1b – Installer

Notes et idées:

Modèle de balle

C:1c – Installer

Notes et idées:

Modèle de balle

C:1d – Installer

Notes et idées:

Modèle de balle

C: Groupe 2

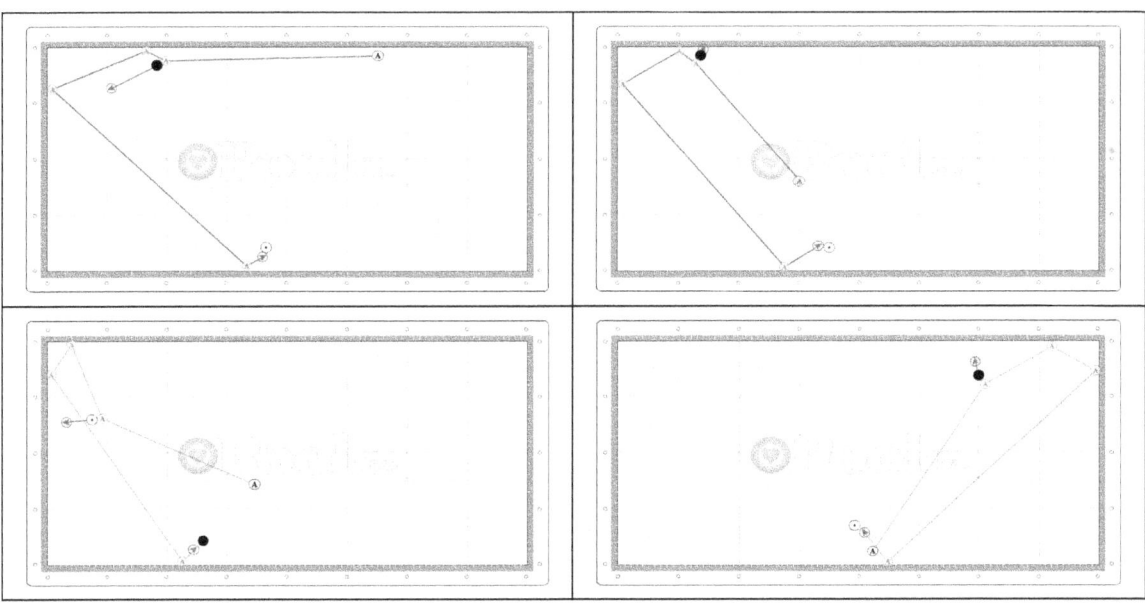

Une analyse:

C:2a. _____

C:2b. _____

C:2c. _____

C:2d. _____

C:2a – Installer

Notes et idées:

Modèle de balle

C:2b – Installer

Notes et idées:

Modèle de balle

C:2c – Installer

Notes et idées:

Modèle de balle

C:2d – Installer

Notes et idées:

Modèle de balle

D: Spins inversés

Le (CB) se détache du premier (OB) vers le premier bandas, avec rotation latérale et rotation inverse.

Ⓐ (CB) (votre balle) - ⊙ (OB) (balle de l'adversaire) – ● (OB) Balle rouge

D: Groupe 1

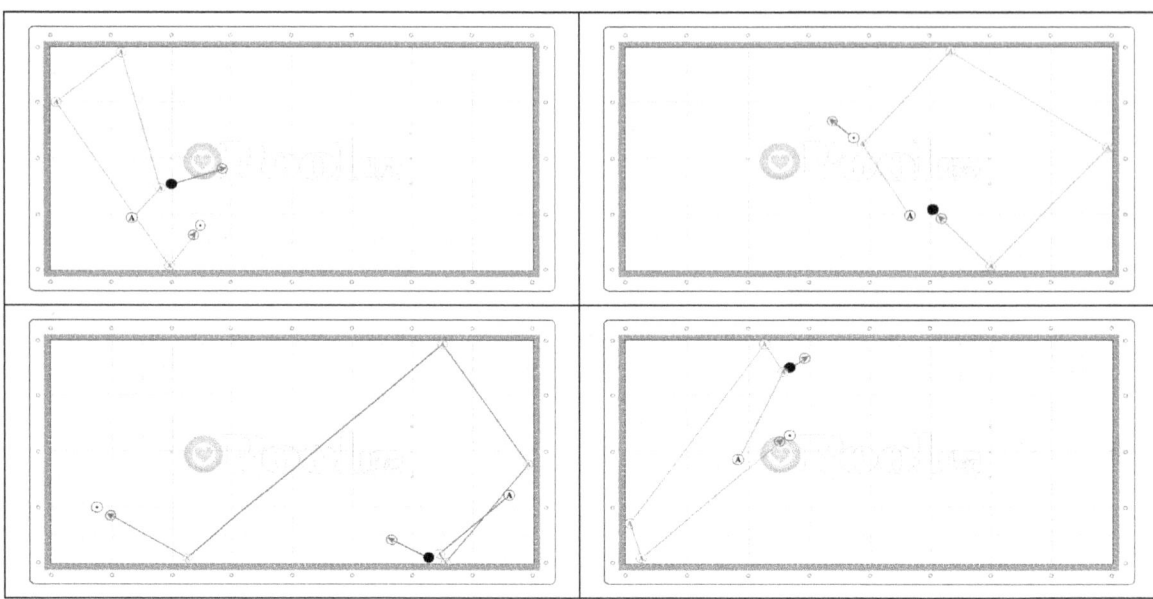

Une analyse:

D:1a. _____

D:1b. _____

D:1c. _____

D:1d. _____

D:1a – Installer

Notes et idées:

Modèle de balle

D:1b – Installer

Notes et idées:

Modèle de balle

D:1c – Installer

Notes et idées:

Modèle de balle

D:1d – Installer

Notes et idées:

Modèle de balle

D: Groupe 2

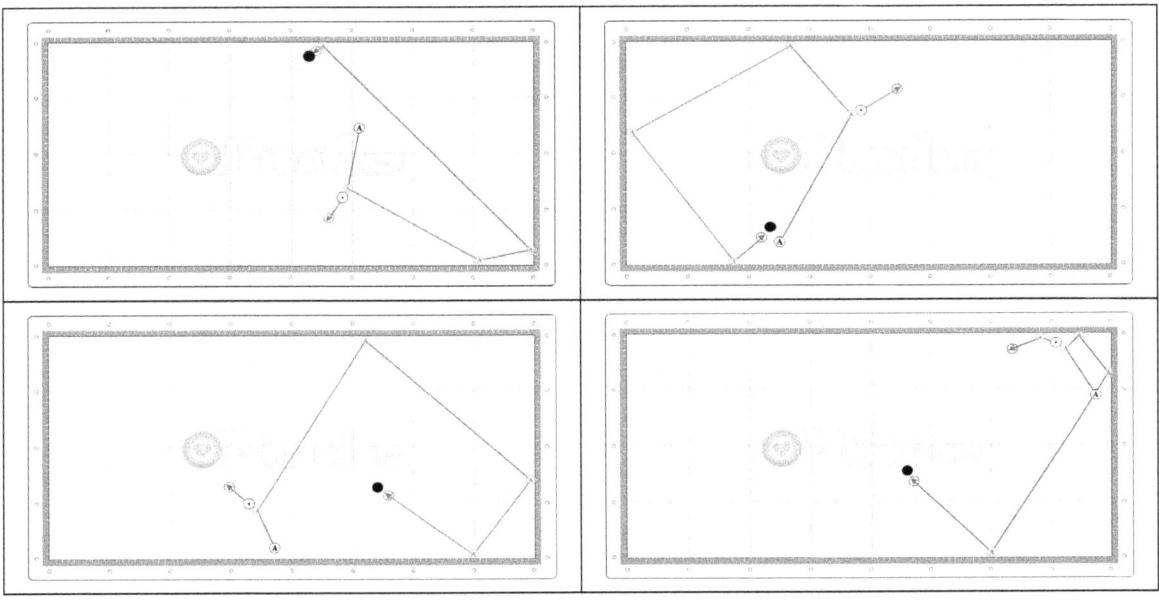

Une analyse:

D:2a. _____

D:2b. _____

D:2c. _____

D:2d. _____

D:2a – Installer

Notes et idées:

Modèle de balle

D:2b – Installer

Notes et idées:

Modèle de balle

D:2c – Installer

Notes et idées:

Modèle de balle

D:2d – Installer

Notes et idées:

Modèle de balle

D: Groupe 3

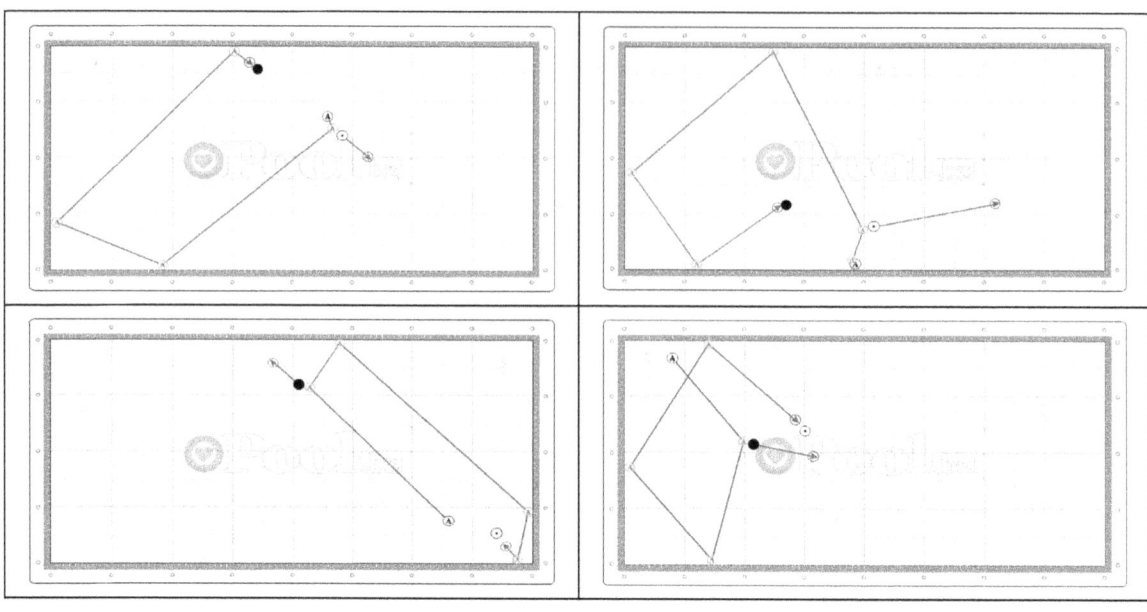

Une analyse:

D:3a. _____

D:3b. _____

D:3c. _____

D:3d. _____

D:3a – Installer

Notes et idées:

Modèle de balle

D:3b – Installer

Notes et idées:

Modèle de balle

D:3c – Installer

Notes et idées:

Modèle de balle

D:3d – Installer

Notes et idées:

Modèle de balle

D: Groupe 4

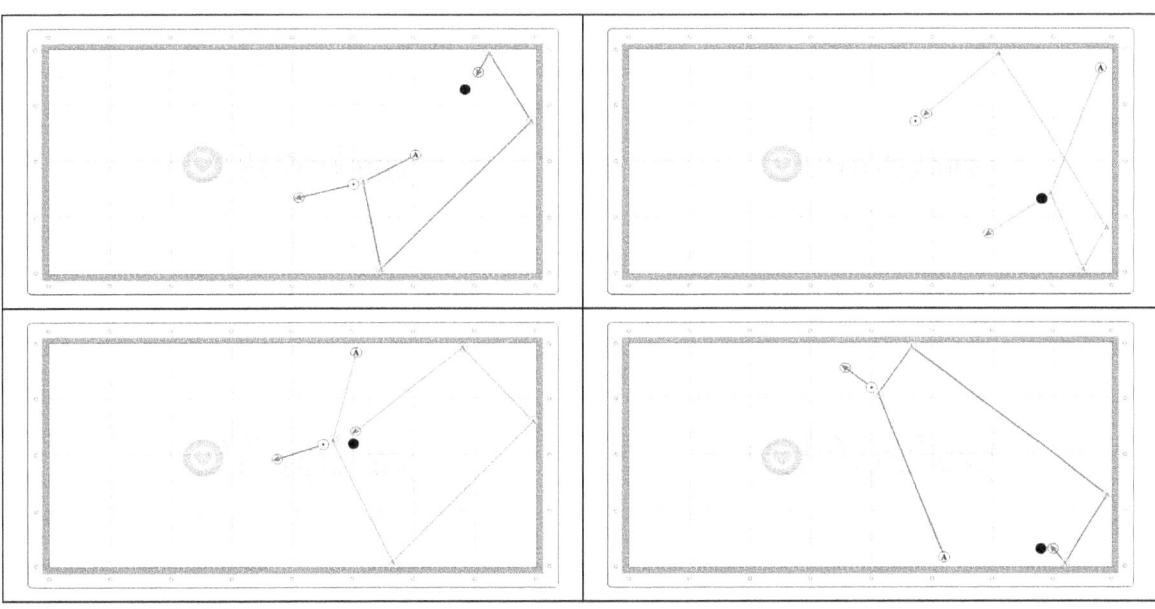

Une analyse:

D:4a. _____

D:4b. _____

D:4c. _____

D:4d. _____

D:4a – Installer

Notes et idées:

Modèle de balle

D:4b – Installer

Notes et idées:

Modèle de balle

D:4c – Installer

Notes et idées:

Modèle de balle

D:4d – Installer

Notes et idées:

Modèle de balle

D: Groupe 5

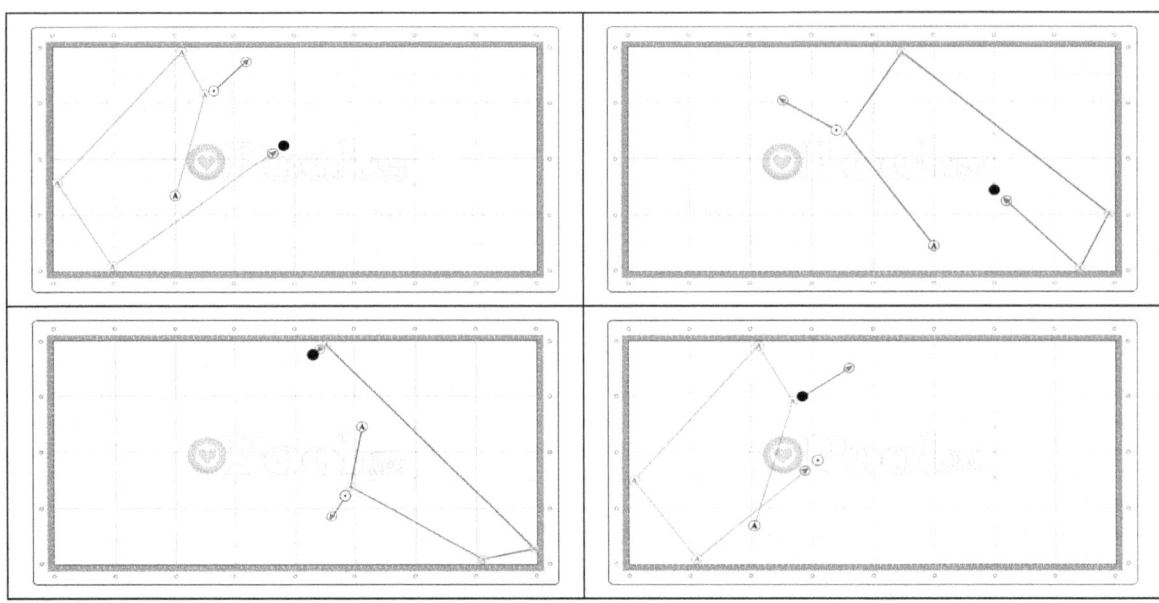

Une analyse:

D:5a. _____

D:5b. _____

D:5c. _____

D:5d. _____

D:5a – Installer

Notes et idées:

Modèle de balle

D:5b – Installer

Notes et idées:

Modèle de balle

D:5c – Installer

Notes et idées:

Modèle de balle

D:5d – Installer

Notes et idées:

Modèle de balle

D: Groupe 6

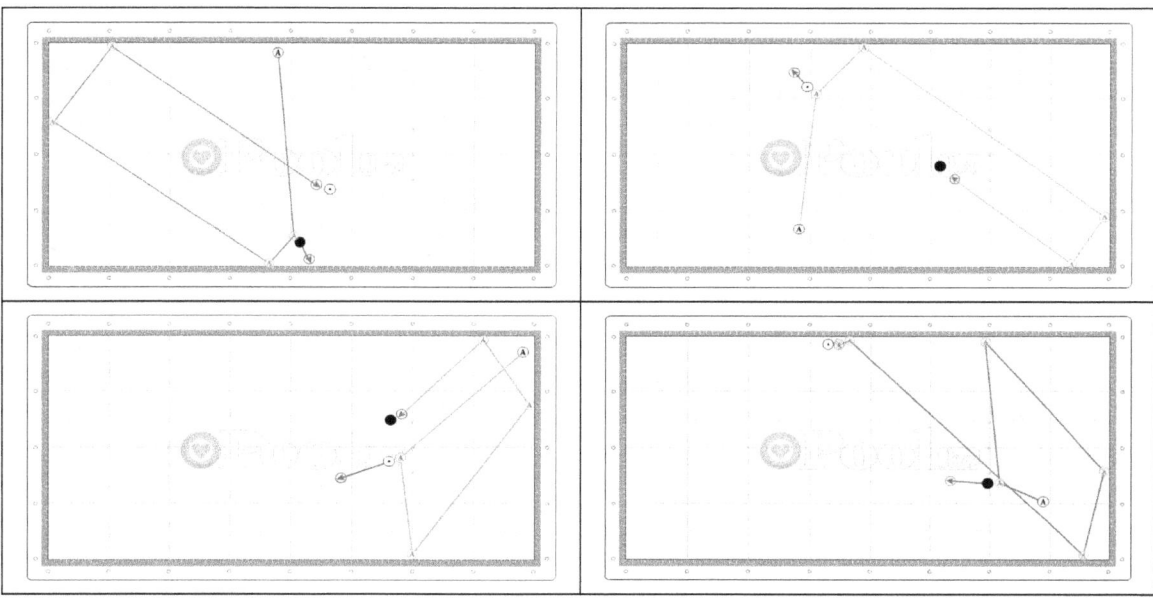

Une analyse:

D:6a. _____

D:6b. _____

D:6c. _____

D:6d. _____

D:6a – Installer

Notes et idées:

Modèle de balle

D:6b – Installer

Notes et idées:

Modèle de balle

D:6c – Installer

Notes et idées:

Modèle de balle

D:6d – Installer

Notes et idées:

Modèle de balle

E: Jambe étendue

Le (CB) se détache du premier (OB) et suit le motif circulaire du demi-tableau. La troisième partie du motif est en dehors de la zone de demi-table.

Ⓐ (CB) (votre balle) - ⊙ (OB) (balle de l'adversaire) – ⬤ (OB) Balle rouge

E: Groupe 1

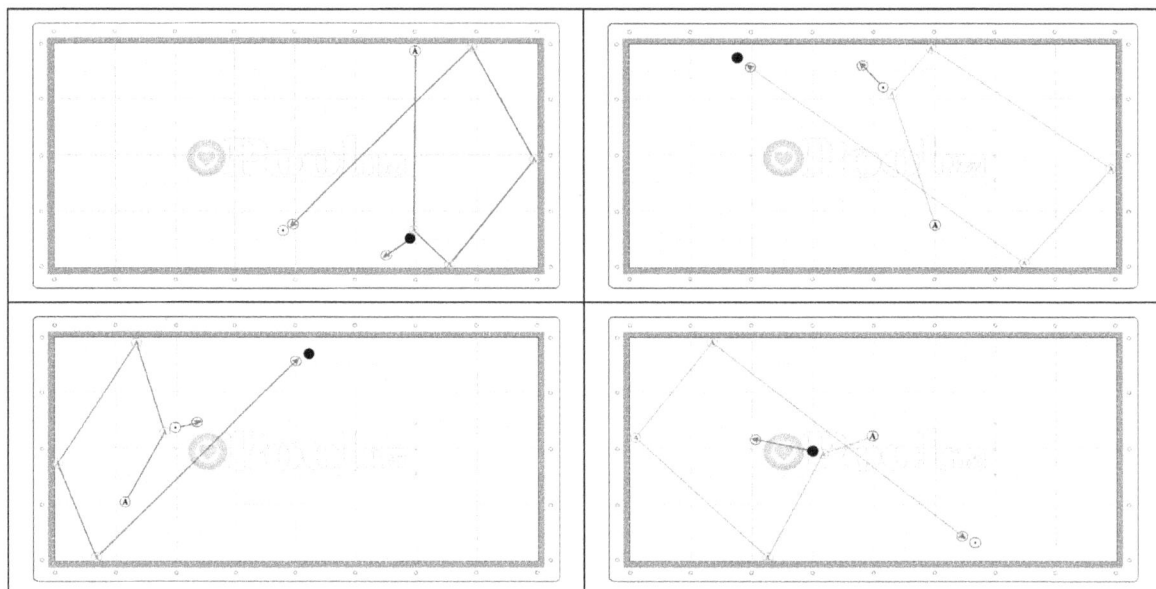

Une analyse:

E:1a. _____

E:1b. _____

E:1c. _____

E:1d. _____

E:1a – Installer

Notes et idées:

Modèle de balle

E:1b – Installer

Notes et idées:

Modèle de balle

E:1c – Installer

Notes et idées:

Modèle de balle

E:1d – Installer

Notes et idées:

Modèle de balle

E: Groupe 2

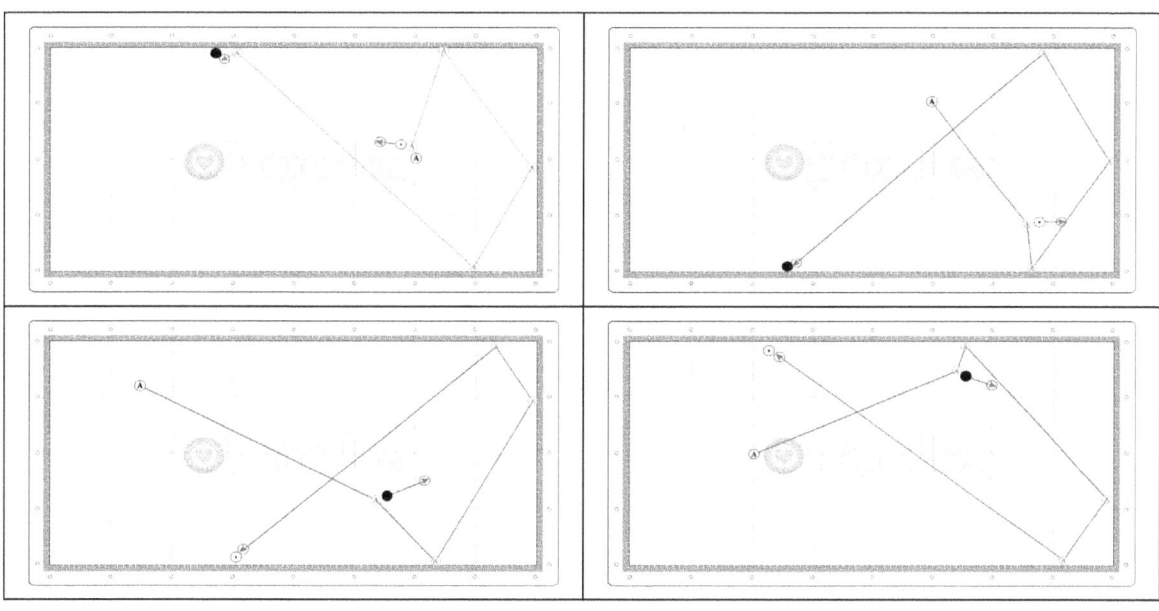

Une analyse:

E:2a. _____

E:2b. _____

E:2c. _____

E:2d. _____

E:2a – Installer

Notes et idées:

Modèle de balle

E:2b – Installer

Notes et idées:

Modèle de balle

E:2c – Installer

Notes et idées:

Modèle de balle

E:2d – Installer

Notes et idées:

Modèle de balle

F: Jambe étendue, extra longue

Le (CB) se détache du premier (OB) et suit le cercle de demi-table normal. Le (CB) se déplace dans l'autre moitié de la table. Ces exemples montrent le (CB) dans le bandas long et ensuite à l'autre extrémité de la table pour l'autre (OB).

(A) (CB) (votre balle) - ⊙ (OB) (balle de l'adversaire) – ● (OB) Balle rouge

F: Groupe 1

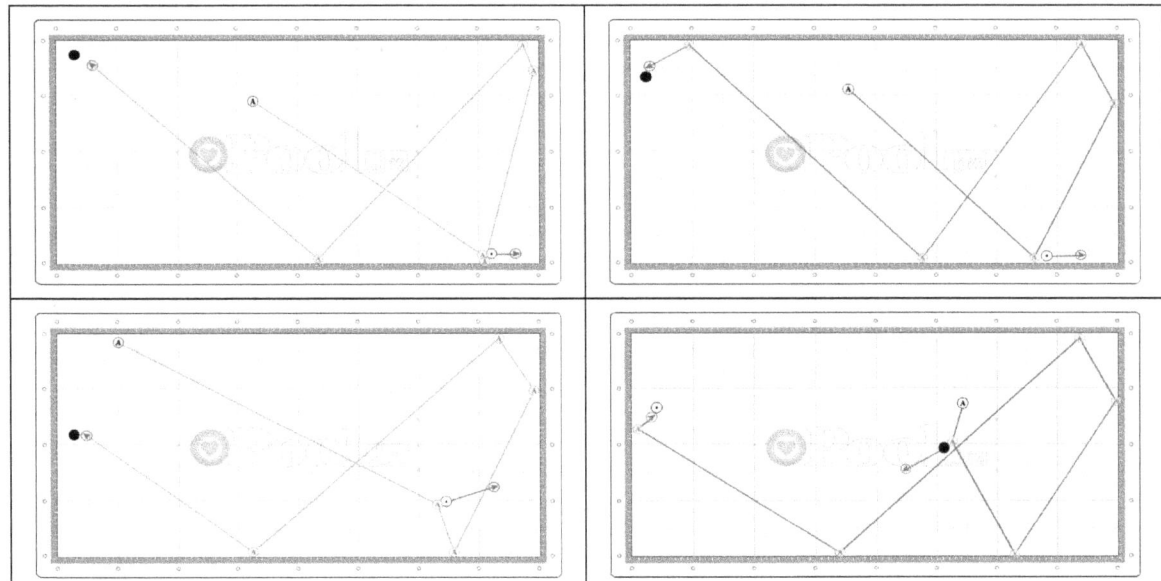

Une analyse:

F:1a. _____

F:1b. _____

F:1c. _____

F:1d. _____

F:1a – Installer

Notes et idées:

Modèle de balle

F:1b – Installer

Notes et idées:

Modèle de balle

F:1c – Installer

Notes et idées:

Modèle de balle

F:1d – Installer

Notes et idées:

Modèle de balle

F: Groupe 2

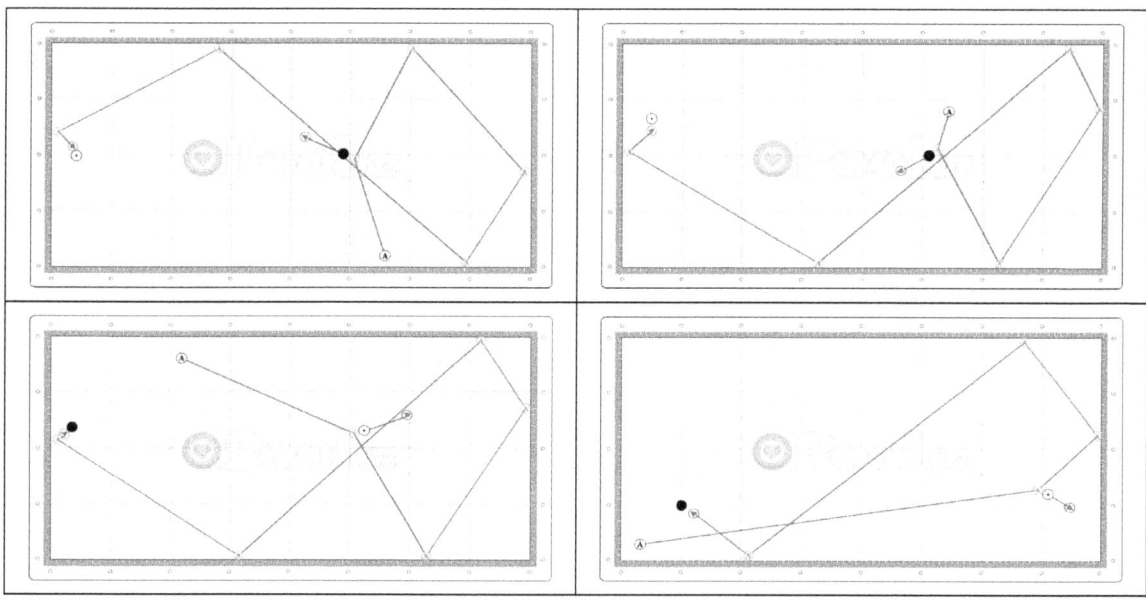

Une analyse:

F:2a. _____

F:2b. _____

F:2c. _____

F:2d. _____

F:2a – Installer

Notes et idées:

Modèle de balle

F:2b – Installer

Notes et idées:

Modèle de balle

F:2c – Installer

Notes et idées:

Modèle de balle

F:2d – Installer

Notes et idées:

Modèle de balle

F: Groupe 3

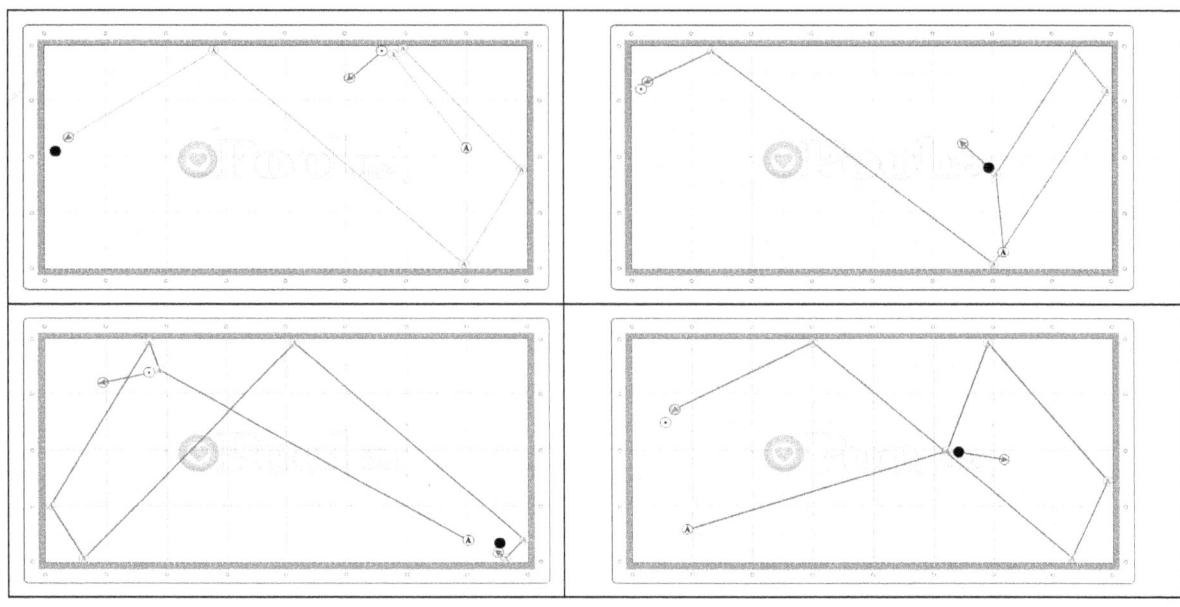

Une analyse:

F:3a. _____

F:3b. _____

F:3c. _____

F:3d. _____

F:3a – Installer

Notes et idées:

Shot Patter

F:3b – Installer

Notes et idées:

Modèle de balle

F:3c – Installer

Notes et idées:

Modèle de balle

F:3d – Installer

Notes et idées:

Modèle de balle

www.ingramcontent.com/pod-product-compliance
Lightning Source LLC
Chambersburg PA
CBHW081236170426
43198CB00017B/2782